AF339530

UN LIVRE ALLEMAND
SUR LE LIMOUSIN

Au mois de septembre ou d'octobre
1813, des officiers Prussiens, prisonniers
de guerre, furent internés à Limoges. De
ces hôtes forcés que nous envoyait la
gloire impériale, et qui ne remplaçaient
pas les jeunes gens enlevés chaque an-
née à leurs foyers pour combler les vides
des armées de Napoléon, plusieurs appar-
tenaient à de bonnes familles et avaient
l'usage du monde. C'étaient de beaux gar-
çons, instruits, aimant le plaisir, s'ex-
primant facilement en français. La société limousine les accueillit avec l'em-
pressement que rencontrent les étrangers
partout où l'on s'amuse. Cette société,
fort agréable à ce moment, n'était pas,
il faut le dire, de mœurs bien sévères. La
plupart des personnes qui la composaient
avaient grandi dans un temps où l'édu-
cation religieuse faisait absolument dé-
faut, et où l'instruction même avait été
si bien « réorganisée » depuis l'expulsion
des Jésuites, qu'il n'y en avait pour ainsi
dire plus. Si, dans les familles de moyen
état, l'autorité paternelle avait réussi à
maintenir les habitudes simples et les
vertus austères de notre vieille bourgeoi-
sie, il n'en était pas de même dans la société officielle et parmi ceux qui la fré-
quentaient. Le Directoire, dans notre

ville comme dans beaucoup d'autres, se survivait à lui-même et prolongeait ses folies sous l'Empire. On savourait avec bonheur la tranquillité dont on avait été si longtemps privé ; on faisait appel à tous les raffinements, nouveaux alors à Limoges, d'un luxe qui n'avait pas réussi jusque-là à pénétrer dans nos provinces, et l'on voulait vivre double pour réparer le temps perdu. Ce n'étaient que fêtes, bals, spectacles, dîners, parties de toute sorte. Certains auteurs latins, qui ne figurent point sur la liste des classiques, eussent fait leur profit de deux ou trois anecdotes dont les survivants de cette époque que nous avons jadis connus, se plaisaient à raconter les détails tout gaulois. Au reste, ceux qui donnaient le ton à ce cercle d'épicuriens n'étaient pas les premiers venus. Le souvenir de l'intelligence distinguée des hommes, de l'esprit et de la beauté des femmes, n'est pas complètement éteint dans notre ville, et beaucoup d'entre nous ont entendu parler de ce temps-là avec une sorte d'admiration.

L'attitude gourmée que les jeunes Allemands avaient prise au début de leur séjour à Limoges, ne put tenir longtemps. Ils se décidèrent, sans trop se faire prier, à répondre aux avances dont ils étaient l'objet de la part de cette société aimable et facile. Quelques-uns même devinrent les hôtes assidus des salons dont la porte hospitalière s'était ouverte devant eux. Ils se virent admis dans la coterie qui était l'âme de la joyeuse compagnie, y obtinrent plus d'un succès, et il n'y eut bientôt fête si intime où ils ne fussent invités. On leur avait représenté Limoges comme une ville arriérée, maussade, dénuée de tout agrément ; cette Béotie leur paraissait un lieu d'exil assez doux. Sans en convenir et sans avouer quels liens charmants les y attachaient chaque jour davantage, ils ne tardèrent pas à manifester, dans leur correspondance, une résignation de plus en plus stoïque. Leurs familles durent admirer avec quel courage ces pauvres enfants supportaient toutes les misères de la captivité et mangeaient le pain amer de l'étranger. Et réellement ces prisonniers étaient tout à fait habitués à leur triste destinée, lorsque les désastres de nos armées les rendirent à leur patrie. Ils quittèrent notre ville, y laissant des souvenirs qui, dit-on, ne furent pas tous à leur honneur, et emportant, pour adoucir leurs regrets, certaines miniatures dont il leur fut sans doute difficile de raconter l'histoire à Charlotte et à Gretchen.

Cependant le plaisir ne les avait pas tellement absorbés, durant leur séjour parmi nous, qu'ils n'eussent trouvé le moyen de consacrer quelques heures à l'étude. Profitant d'une tolérance que nos malheureux prisonniers de 1870 n'ont pas trouvée chez les petits fils de nos hôtes de 1813, plusieurs visitèrent la contrée et étudièrent sa physionomie, ses ressources, ses monuments, sa population. C'était le moment où M. Juge et M. Duroux venaient de faire paraître, l'un son intéressant livre sur les *Changements survenus dans les mœurs* des habitants de notre province, l'autre son médiocre *Essai sur la Sénatorerie de Limoges.* M. Rougier-Châtenet avait publié, sous les auspices et le nom de M. Texier Olivier, cette précieuse *Statistique du département de la Haute-Vienne*, à laquelle on est encore obligé d'avoir souvent recours. Nos hôtes trouvaient dans ces ouvrages le complément des notions que leur fournissaient leurs études personnelles et ne se faisaient pas faute d'y puiser pour donner plus d'intérêt et de précision aux renseignements sur la contrée dont ils remplissaient leur correspondance avec leur famille et leurs amis.

Un de ces officiers était destiné à fournir une assez brillante carrière : Frédéric Neigebaur, mort vers 1860, laissant en Allemagne une certaine réputation comme voyageur et homme de lettres, avait alors vingt-neuf ans et servait dans un régiment d'infanterie. Sa passion pour les sciences et la littérature n'avait d'égale que son ardeur pour le plaisir. Dans la correspondance dont nous allons parler, il se représente comme un sage, vivant à l'écart des frivoles amusements du monde. Il ne faut pas l'en croire tout à fait ; car son nom est, paraît-il, un de ceux que la mémoire des contemporains avait retenus. Ajoutons bien vite qu'il ne se rattache à ce nom aucun des mauvais souvenirs auxquels nous faisions allusion tout-à-l'heure.

A son retour en Prusse, Neigebaur recueillit les lettres qu'il avait écrites à un de ses amis durant son séjour à Limoges,

et après le rétablissement de la paix, il
les fit imprimer. Cet ouvrage, tout à fait
inconnu en France et dont il nous est
passé par les mains un seul exemplai-
re — celui que possède la Bibliothèque
nationale — a eu deux éditions : la pre-
mière a paru à la librairie Maurer, de
Berlin, en 1817 ; la seconde est datée de
1829. Le livre porte pour titre : *Descrip-*
tion de la province du Limousin et de
ses habitants ; extraits du journal d'un
officier Prussien, prisonnier de guerre
des Français (1) C'est un in-12 ou peut-
être un petit in-8° de 288 pages. L'ouvrage est sérieux et atteste l'instruction solide de l'auteur en même temps que la
variété de ses connaissances.

Frédéric Neigebaur, comme ses camarades, avait entendu parler du Limousin
en termes peu avantageux, et sa premiè-
re lettre, datée du 4 novembre 1813, témoigne des appréhensions qu'il avait con-
çues à cet endroit, et qu'un coup d'œil
sommaire n'était pas fait pour dissiper :

« Je suis maintenant interné à Limoges,
» écrit-il, et depuis quelques semaines déjà
» je vis ici, loin de mes braves compagnons
» d'armes, séparé du monde civilisé ; car le
» Limousin a en France une aussi détestable
» réputation que chez nous le pays des Cas-
» soubes de Poméranie et celui des Vendes,
» ou bien encore la Haute-Silésie ; — et depuis

----

(1) *Schilderung der Provinz Limousin und deren*
Bewohner aus dem Tagebuch eines Preussischen
offiziers in französischer Kriegsgefangenschaft.
Berlin 1817, *in der Maurerschen Buchhandlung,*
Poststrasse n° 29, (Bibliothèque Nationale, L k 2.
n° 871).

» Messier de Pourceaugnac (*sic*) » on a fait
» un sujet de moquerie de ses habitants. Cette
» province, d'ordinaire, est classée dans la mê-
» me catégorie que les landes qui s'étendent
» entre Bordeaux et Bayonne. Aussi ai-je en-
» tendu tout le monde, sur ma route, me
» témoigner de la pitié et me répéter que, vue
» au travers de mon séjour dans cette contrée,
» la France ne pouvait me laisser une bonne
» impression. C'est à contre-cœur qu'un voya-
» geur visite ce pays sauvage, cette contrée
» inhospitalière : il est passé en habitude qu'on
» doit, lorsqu'on est obligé de la traverser,
» faire avant le départ son testament, tant
» les chemins y sont épouvantables. — Au
» cœur de la France, un Limousin pur-sang
» ne comprend pas le français, et alors
» même qu'il l'a laborieusement appris, le
» Parisien rit de lui au premier mot et le re-
» connait pour un proche parent de Pourceau-
» gnac.

» Mon sort est de vivre dans un semblable
» milieu sans apercevoir le terme de ma cap-
» tivité. L'étude de l'art militaire et du droit
» romain rempliront mes loisirs, à la condi-
» tion toutefois que je trouve dans cette Si-
» bérie française les relations et les livres
» qui me seront nécessaires pour mes travaux.
» Le temps qui me restera, je le consacrerai
» à observer ce qui m'entoure. »

Ce Limousin, qui a une si noire renom-
mée, est au demeurant peu connu. Le
jeune officier se propose d'envoyer à ses
amis une description fidèle du pays et de
ses habitants, afin qu'outre-Rhin on sa-
che désormais à quoi s'en tenir sur ceux-
ci comme sur celui-là. Il entre aussitôt
en matière, et commence, dès la troisième
page du livre, à résumer ce qui a été dit
sur la contrée, son climat, sa constitution

géologique, ses diverses productions, l'é-
tat de l'agriculture, du commerce et de
l'industrie dans la province, le prix des
denrées, l'instruction des habitants, leurs
usages, etc., etc. Ces renseignements
remplissent la plupart des quinze ou vingt
lettres dont se compose le recueil. Ils
n'ont, nous devons le confesser, rien de
remarquable ni d'original. Presque toujours, Neigebaur se borne à condenser les
données des publications locales ; il fait
de larges emprunts aux ouvrages de M.
Duroux, de M. Juge et de M. Rougier-
Châtenet ; parfois il en reproduit textuel-
lement des passages. Son esprit précis
aime la citation, et de temps en temps il
insère dans ses lettres un document officiel : tantôt un décret de messidor an XII
sur les préséances, ou une circulaire du
Préfet relative à l'organisation et au re-
crutement de la Garde-d'honneur ; tantôt
une feuille de route délivrée par l'inten-
dance militaire à cinq officiers Prussiens
prisonniers, dirigés de Wesel sur le dé-
pôt de Limoges. (Cette feuille, qui paraît
concerner Neigebaur lui-même, indique
le 13 septembre 1813 comme date du départ).

Peu importent les citations. Là n'est
pas le côté attrayant du livre ; seules,
les remarques que l'auteur tire de son
propre fonds peuvent avoir de l'intérêt
pour nous. Par malheur, le peu de durée
du séjour du jeune homme en Limousin
ne lui a pas permis de mûrir ses appréciations : fréquemment elle paraissent
n'être que l'écho de ce qu'il a entendu di-

re autour de lui, ou le résultat d'une pre-
mière impression faussée par des préju-
gés enracinés. Assez souvent, néanmoins,
on trouve la note personnelle, et nous la
recueillerons avec soin toutes les fois
que nous pourrons la saisir.

L'auteur, visiblement prévenu, se
montre en général peu bienveillant : qui
pourrait s'en étonner ou lui en faire un
reproche ? Sa haine contre Napoléon, son
horreur de l'œuvre révolutionnaire, son dé-
dain pour la légèreté française et pour nos
prétentions ridicules à tout savoir, à être
toujours et en tout à la tête des nations,
se manifestent en maint endroit par des
sarcasmes, des suppositions désobligean-
tes, des injures même. Plus grande est la
gloire du maître, plus profond lui appa-
raît l'abaissement du peuple.— *O homines
ad servitutem paratos!* — s'écrie-t-il avec
Masinissa, en voyant à quel degré de ser-
vilité en sont arrivés, de tyrannie en tyrannie, les farouches républicains de 1793 !
—Cependant il montre quelquefois un certain souci d'impartialité et ne marchan-
de pas ses éloges au bien et au beau,
quand ils lui apparaissent avec évidence.
S'il s'exprime en termes peu flateurs sur
le compte des Limousins, il n'en rend pas
moins justice à leurs qualités, à leur an-
tique probité commerciale, à l'inépuisa-
ble charité qui a fondé et entretient tant
d'établissements de bienfaisance. Médio-
crement galant pour les dames, il recon-
naît toutefois que si elles cultivent, par
exemple, le dessin et la musique avec
peu de succès, elles sont plus polies, plus
affables que les Allemandes, montrent

plus de tact et de grâce dans la conversation : elles ne font pas connaître aux
hommes « ce degré d'ennui » qu'outre
Rhin engendre la société de beaucoup de
personnes du sexe. — « Gardez-vous
bien », ajoute aussitôt l'irrévérencieux
voyageur, « de montrer ma lettre à vos
» femmes ; et si elles vous demandent ce
» que je pense des Françaises, dites-leur
» que je n'ai trouvé à Limoges aucune
» dame dont la grave et pudique beauté
» ait la noble expression de celle des fil-
» les de l'Allemagne ; mais je dois, malgré
» tout, confesser que, sous presque tous
» les rapports, les femmes sont ici plus
» agréables que chez nous. »

Recueillez, Mesdames, cet aveu tombé
de la bouche d'un ennemi. Pour dire la
vérité, jamais voyageur ne s'était ainsi
laissé séduire à vos charmes. — « A Limoges », avait osé dire, en 1643, Louis
Coulon, dans son *Ulysse François*, « les
» femmes sont fort chastes, mais peu
» agréables et grotesquement vêtues » ; et
vingt-cinq ans plus tôt Zinzerling —
Jodocus Sincerus — inscrivait sur son
carnet cette note grossière : « Ici les femmes sont laides. »

Neigebaur ne loge pas dans l'intérieur
de la ville, et il rend grâces au ciel d'avoir
trouvé de l'air et de la lumière, loin du
« dédale infect » qui a pour centre la Bou-
cherie. Mais il est avant tout curieux. Il
veut tout voir et ne manque pas une oc-
casion d'observer, de juger par lui-même, de s'instruire. Il regarde passer les
processions, qu'il qualifie de « mascarades

spirituelles », et se divertit beaucoup du spectacle que lui donne le cortège de nos pénitents, de leurs fantastiques costumes, de leur lugubre psalmodie. Il assiste, à Saint-Pierre, à la messe de sainte Cécile, et les chants des dames sont loin de le ravir. Le théâtre est ouvert. Il va entendre : *Alexis*, les *Petits Savoyards*, la *Tante Aurore* ; la troupe qui y donne des représentations cède la place à une autre troupe qui exploitait une ville voisine, et on annonce pour le 6 décembre : *Coriolan*, pour le lendemain *Zaïre*, puis *Macbeth*, etc. « Voilà qu'on nous fait passer des plus légers badinages de Momus aux plus sublimes hauteurs de la tragédie. » Tant pis, car les acteurs ne sont pas bons, et si la médiocrité est supportable dans les opérettes ou les vaudevilles, elle gâte tout dans les grands ouvrages, où elle se montre avec bien plus de relief.

Les prisonniers Allemands fréquentent les cafés, soit pour y parcourir les journaux et apprendre les nouvelles, soit pour y retrouver une lointaine image des brasseries où trône le blond Gambrinus, qu'un peu au-dessous du légendaire Hermann, tout bon Germain honore comme une divinité nationale. Toutefois la surveillance dont ils sont l'objet leur gâte singulièrement cette distraction. Nos lettres rapportent un fait qui prouve combien la police est vite informée de leurs faits et gestes :

« Deux de nos camarades discouraient au
» café ; ils remarquaient combien les ponts ont
» toujours porté malheur à l'armée française :
» à Aspern, à Borizov, à Leipzig, et donnaient

» libre cours à leurs réflexions au sujet de ce
» dernier fait, dont ils avaient appris par les jour-
» naux les énormes conséquences. Un des in-
» dividus présents se mêla à l'entretien et se
» mit à leur parler dans un mauvais allemand,
» peut être pour en savoir davantage. Ils se
» turent aussitôt, désagréablement surpris
» qu'un tiers eût saisi leur conversation. Au-
» jourd'hui, à l'appel, on a vu la suite de l'af-
» faire. Notre commandant nous a dit qu'il
» avait appris que dans un café des propos
» peu convenables avaient été tenus ; qu'il
» voulait bien, pour cette fois, ne donner aucu-
» ne suite à cet incident, mais qu'il ne fallait
» pas qu'il se renouvelât.»

Aussi, dans un accès de mauvaise hu-
meur, le prisonnier lance t-il cette bou-
tade contre le lieu de son exil,.. Ce sont
des vers, s'il vous plaît, et il les intitule
Limosiana :

« Veux-tu une image de Limoges ? Figure-
» toi des rues sombres que couvre un vaste
» parapluie — Entends-tu s'éveiller le cli-
» quetis des sabots de bois ? Enveloppe-toi dans
» tes couvertures. Au dehors la pluie tombe
» et la boue couvre le sol. Le peuple Limogeau
» réclame sa maigre soupe pour déjeuner. La
» fumée sort de chaque porte ; la fumée sort
» de chaque écuelle. Peuple imbécile qui prête
» à tous les commérages une oreille crédule ;
» plus absurde est le mensonge, plus grande
» est ta confiance. — Les *cafés* sont pleins ;
» mais on n'y a point encore vu de café jus-
» qu'à ce jour. Comme le journal ment dans
» la salle, l'enseigne ment à l'extérieur. La flam-
» me joue gaîment dans la cheminée ; mais
» elle ment aussi : elle luit et ne réchauffe pas,
» semblable à l'esprit français, qui est brillant,
» mais sans réelle valeur. »

En fait de distractions d'un ordre plus

relevé que le café, on a la Bibliothèque
publique ; mais il y règne le plus affreux
désordre ; et puis c'est à peine si elle possède quatre ou cinq livres italiens ou Anglais ; on y trouve un seul ouvrage allemand : *Mina de Barnhelm*... — L'amour
de l'étude et l'activité intellectuelle sont,
du reste, presque nuls à Limoges. Le journal est « bien misérable ». Rien de plus
vide et de plus plat que cette gazette : la
qualification de *littéraire* dont elle se pa-
re, ne semble pas à l'étranger suffisam-
ment justifiée par les notices biographi-
ques et les charades qui alternent avec
les nouvelles officielles et les louanges de
l'Empereur, de sa famille, de ses fonctionnaires, de son gouvernement. Quant
à l'Académie récemment créée au chef-
lieu de la Haute-Vienne, elle fournit à
Neigebaur un agréable passe-temps et
lui permet de juger l'Université française chez elle. Le jugement, il faut le reconnaître, est peu favorable. En premier
lieu, l'installation matérielle laisse à désirer : les cours se tiennent dans les hauts
bâtiments de l'ancien couvent de la Visi-
tation (1) où se trouvent entassés la plupart des services publics. Les salles sont
pauvres et petites. L'auditoire se compose
d'une vingtaine d'adolescents de douze à
seize ans.

Passons au personnel :

« Le recteur, M. d'Humières, est en même
» temps vicaire-général de l'Evêque :

____

(1) Transformé depuis trente ans en caserne
d'infanterie.

» c'est un brave homme, qui est resté
» titulaire de la chaire d'histoire qu'il
» occupait avant sa nomination au
» rectorat ; mais il a dû laisser à un sup-
» pléant le soin de faire son cours, et
» ce suppléant n'ayant pas été dési-
» gné encore, il n'y a pas de leçons.
» Le professeur de littérature latine, M.
» Guffroy Vanghelle, a été malade l'an-
» née passée, et travaille surtout à son
» rétablissement : il n'est en mesure
» de fournir aucun aliment solide à un es-
» prit avide d'apprendre. » M. de Valri-
vière est chargé de la philosophie ; fait-
il ou non son cours ? Neigebaur ne le sait
même pas : il est certain que ses leçons
n'ont pas beaucoup de retentissement.
Reste M. Cabantous, professeur de littérature française : celui-là possède dans
le jeune allemand un auditeur assidu. M.
Cabantous a beaucoup étudié sa langue
et sait bien le latin. Mais il est ardent,
passionné, exagéré ; il sent trop vive-
ment et met dans ses discours une ani-
mation, une exubérance qui n'ont rien de
la gravité pédagogique. Un tel homme
ne saurait se maintenir dans les limites
de son programme : il les franchit sans
cesse.

Cet impétueux universitaire nourrit
une idée fixe, un dada : « La langue
» française est le plus parfait des idiô-
» mes, comme la France est la pre-
» mière des nations. » A chaque instant
il revient à cette thèse favorite «avec une
mimique, des gestes, des grimaces qui
sont plutôt d'un charlatan que d'un professeur».

Telles étaient les ressources qu'il y a trois quarts de siècle, Limoges pouvait offrir aux hommes d'étude. Demandons-nous si de nos jours notre pauvre ville, avec une population d'un chiffre trois fois et demi plus élevé, se trouve dans de meilleures conditions à ce point de vue, et si un étranger, la visitant en 1898, aurait à faire, de nos établissements scientifiques ou littéraires et de nos collections, une peinture plus avantageuse. Grâce au zèle intelligent de MM. Du Boys et Ruben, la bibliothèque communale a été sans doute mise en ordre, mais le Musée (nous parlons du musée d'antiquités, de peinture et d'histoire naturelle) n'est-il pas dans un état plus déplorable encore que celui de nos dépôts en 1813, plus honteux pour une population qui se vante de compter dans son sein des corps d'état presque entièrement composés d'artistes, et pour une administration municipale qui prétend pourvoir largement aux besoins et aux aspirations de toute nature de ses concitoyens. Ajoutons que Limoges n'a même plus ce fantôme de Faculté dont l'indigence faisait sourire l'officier Prussien.

Le patois limousin excite à un haut degré la curiosité de Neigebaur. Il constate les qualités de cet idiôme, ses rapports avec l'italien et l'espagnol, la facilité avec laquelle on forme en patois des augmentatifs et des diminutifs ; puis il signale avec un intérêt particulier la tentative orthographique de Foucaud, annonce la publication de son livre de fa-

bles et parle de son talent. « Les œuvres
» des poètes Limousins, ajoute-t-il, sont
» en général plus détestables les unes
» que les autres. Néanmoins je sais
» plusieurs morceaux qui ne manquent pas
» de mérite. Je pourrais citer des stro-
» phes de l'abbé Richard pleines de char-
» me, d'enjouement, d'esprit et de poésie.
» L'abbé Roby a traduit en vers comiques
» les premiers livres de l'*Enéide*, et ce
» Scarron limousin n'est pas inférieur à
son émule. » Il donne ensuite, avec la
traduction en français et en allemand, la
jolie chanson, restée populaire de Foucaud : *Enté soun toû qui gentei drôlei*,
puis l'imitation, par le même, de la fable:
Le loup et l'agneau. N'est-il pas piquant
de voir nos modestes rimeurs limousins
loués par un lettré d'outre-Rhin, et leurs
œuvres traduites en allemand au moment
même de leur apparition.

On sait du reste avec quel goût passionné les philologues et les littérateurs
allemands s'occupent aujourd'hui de notre
langue d'oc. Alors qu'en 1880 la France
ne possédait que deux revues consacrées
aux idiômes romans du Midi, on en
comptait cinq ou six de l'autre côté du
Rhin.

Les immenses souterrains qui s'étendent sous les anciens quartiers de Limoges frappent d'étonnement l'étranger.
« J'ai vu aujourd'hui, écrit-il, une cave
» *prodigieuse*, une des curiosités de cette
» ville. Il y a ici nombre de caves à trois
» étages ; ces souterrains seraient d'ef-
» froyables prisons, plus horribles qu'une

» oubliette. » Et il raconte l'anecdote, souvent répétée, de la servante qui, ayant laissé éteindre son flambeau, s'égara dans les immenses détours des galeries ouvrant sur le cellier de son maître, et qu'on ne retrouva qu'après plusieurs heures de recherches. « Je ne puis croire, » ajoute-t-il, que ces caves fussent seule- » ment destinées à serrer les approvision- » ments de vin. Une seule d'entre elles » contiendrait tous les tonneaux de la » ville. Elle paraissent avoir été construi- » tes aux temps des guerres des Anglais » ou des guerres de religion, pour offrir » aux habitants un refuge dans les pilla- » ges ou les incendies. » (1)

Une des plus intéressantes sans contredit des lettres que renferme ce volume est celle qui donne la physionomie d'une solennité officielle de cette époque. Il s'agit de célébrer l'anniversaire du couronnement de Napoléon. Les cloches sonnent à toute volée ; les autoritéss, les corps constitués, les fonctionnaires ont été convoqués pour le *Te Deum*, et le cortège se forme chez le Premier Président de la cour, qui occupe le degré le plus élevé dans l'ordre hiérarchique. On voit dé-

____

(1) Il est certain que beaucoup de marchandises ne craignant pas trop l'humidité, s'emmagasinaient autrefois dans les caves ; il est certain aussi que la vigne a été très anciennement cultivée dans le pays et que, jusqu'à la fin du XVIIe siècle, on récolta beaucoup de vin autour de Limoges. Les souterrains ont été sans nul doute utilisés comme refuges dans quelques circonstances ; mais nos caves des treizième et quatorzième siècles avaient-elles été construites dans ce but ? On ne peut guère l'admettre.

filer la garde départementale, la garde
nationale, la garde d'honneur, les pom-
piers : la musique joue devant les aigles,
mais on n'aperçoit personne aux fenêtres;
les rues ne sont pas plus animées que de
coutume. Pas un cri. Pas un chant. Sauf
le chœur, qu'occupe le groupe officiel, la
cathédrale est « plus vide encore qu'à
l'ordinaire ». Après la cérémonie religieuse, le cortége se disperse, — et la fête est
terminée. Singulière réjouissance nationale, à laquelle n'ont pris part que les
personnes obligées par leurs fonctions
d'y figurer ! Le *Journal de la Haute Vien-
ne* n'en racontera pas moins « que toute
» la ville était en liesse, que partout re-
» tentissaient les vivats, et que dans les
» églises remplies d'une foule compacte,
» on adressait à Dieu les vœux les plus
» ardents pour la prospérité de l'Empereur ». Les gazettes officielles, subven-
tionnées ou non, ont de tout temps écrit
l'histoire avec le même souci de la vérité.

La captivité de Frédéric Neigebaur n'a
aucun trait de ressemblance avec les fa-
meuses « prisons » de Pellico. L'officier
Prussien va, vient, se promène, non seu-
lement dans la ville, mais dans le département et dans le reste de la province.
Nous le trouvons tantôt à Montjauvy
« sur les ruines d'un temple du père des
: dieux et des hommes », édifice qui selon
toute vraisemblance n'a jamais existé, —
ou au Carrier, ancien moulin à poudre,
transformé en fabrique de sabres pendant
la Révolution, et plus tard en pacifique
filature, — tantôt à Corrigé, à Chatandeau,
à Beauregard, à Morcheval, à La Rivière

où le conduit le premier président lui-même ; à Vaulry où, muni d'une lettre de recommandation de M. Alluaud, il va examiner les travaux de la mine d'étain, unique en France, qui y a été découverte. L'exploitation a commmencé sur une petite échelle. Au 3 décembre 1813, elle donne des résultats satisfaisants et occupe deux mineurs, quatre hommes chargés de servir les manèges ou les treuils et de traîner les brouettes, un charpentier, deux manœuvres et un enfant.

En dépit de l'orgueil germanique, auquel il sacrifie trop souvent, l'officier veut bien reconnaître qu'il a rencontré sur son chemin plus d'une personne instruite et plus d'une aimable relation. Dans ses lettres, il n'aime pas à s'appesantir sur les compensations offertes par la société limousine aux ennuis et aux chagrins de sa captivité : il dissimule même avec soin les côtés les plus agréables de son existence à Limoges ; mais force lui est de reconnaître que tous les habitants de la province ne sont pas des sauvages, et qu'il trouve, dans ce pays si maltraité des voyageurs, un accueil rempli de prévenance, une cordiale hospitalité, parfois des entretiens profitables à ses études. En vérité ce prisonnier, cet ennemi n'a point le droit de se plaindre : tantôt des jeunes gens le mènent chasser le sanglier ; tantôt un hôte aimable le retient plusieurs jours à la campagne, entouré d'attentions délicates, de soins et de gâteries. Cet hôte est souvent le premier président de la Cour d'appel, M. Es-

tienne de La Rivière. L'extrême réserve
que Neigebaur reproche à ce magistrat ne
l'empêche pas de confesser que celui-ci
le comble de bontés. Toutes les fois que
le jeune homme dîne chez lui, — et il y
est souvent invité, — le président a soin
de le placer soit auprès d'un ancien officier émigré, soit auprès du recteur ou
d'un autre convive parlant tant bien que
mal l'allemand. — Les deux frères de
Villelume témoignent aussi la plus af-
fectueuse bienveillance au prisonnier.
Ceux-là ont positivement charmé Neigebaur, et il s'exprime sur leur compte
en termes d'autant plus flatteurs, qu'on
ne rencontre ailleurs rien de semblable
sous sa plume. « Ce sont les premiers
» Français chez qui il ait trouvé une édu-
» cation vraiment scientifique, et rien ne
» lui est plus cher que ses relations avec
» eux. »

Un autre nom est souvent pronon-
cé dans ses lettres, c'est celui de M.
Alluaud : « Alluaud est un studieux na-
» turaliste, un géologue consommé... Il
» possède une collection de porcelaines de
» toutes les fabriques de l'Europe...Nul ne
» sait donner une impulsion plus intelli-
» gente et plus active à une entreprise...
» On ne le voit reculer devant aucune
» dépense pour réaliser toutes les amé-
» liorations possibles » dans une industrie dont il est en quelque sorte le réfor-
mateur, et déjà la plus haute personna-
lité.

Cette industrie sort à peine, à Limoges,
de la période des tâtonnements et des
essais. Néanmoins ses produits attei-

gnent déjà un chiffre important. La porcelaine est aussi blanche et aussi belle que celle de Sèvres ; mais sous le rapport des formes, elle laisse beaucoup à désirer. Le département tout entier ne compte encore que cinq manufactures ayant en tout sept fours. Plusieurs fabriques de faïence sont établies dans la Haute-Vienne : il en existe une à St-Yrieix, d'où sortent des ouvrages à bon marché, mais bien inférieurs aux produits de Strasbourg. Aux environs de Bellac, on fait beaucoup de poterie rouge avec une argile ferrugineuse, analogue à la matière des vases étrusques ; mais là s'arrêtent les rapports entre les deux fabrications : on ne saurait voir rien de plus malsain, de plus laid, d'un goût plus détestable que ces poteries marchoises.

Chemin faisant, Neigebaur examine les routes : il rend justice aux magnifiques travaux des ingénieurs du XVIIIe siècle, mais constate à quel point la Révolution a laissé se dégrader ces grandes voies. « Je n'ai », afffirme-t-il, « rien trouvé de plus détestable dans mes voyages en Allemagne, où j'ai tant de fois couru risque de me casser le cou. »
Nous avons dit que le voyageur n'avait pas borné ses excursions à la Haute-Vienne. Ses dernières lettres sont en effet datées de diverses localités du département de la Corrèze : il y trouve le service des ponts et chaussées dans un état non moins déplorable que dans la région voisine. Son passage à Pompadour nous vaut naturellement une dissertation sur

le cheval limousin. Celui ci a plus souf-
fert encore de l'incapacité de l'admininis-
tration révolutionnaire, que les chemins
et les routes. « On a ruiné comme à plai-
» sir l'industrie chevaline. L'Assemblée
» nationale, dans sa rage de tout détruire,
» abandonna les mesures qui avaient été
» prises pour maintenir et conserver la
» pureté de cette noble race. Les réquisi-
» tions de 1793 pour la Vendée ont ache-
» vé l'œuvre commencée en 1789, et nulle
» part les beaux chevaux ne sont plus ra-
» res que dans cette province. » Après
quelques pages sur ce thème, le voyageur reproduit tout au long un poème à
la louange du cheval limousin, couron-
né jadis, croyons-nous, par la Société
d'agriculture de Limoges, et qui est bien
une des œuvres les plus bizarres qu'on
puisse lire. Nous nous bornons à en citer
les deux premiers vers. L'échantillon suf-
fira pour juger la pièce :

Oui ! que mes jeunes doigts fassent parler ma lyre !
Les bienfaits du coursier appelent mon délire...

Le 23 décembre 1813, Neigebaur est à
Tulle. La fabrique d'armes est l'objet
tout particulier de son attention. Les fu-
sils de chasse qui en sortent sont les
meilleurs qu'il ait trouvés en France, les
pistolets sont bien faits, très solides et
pas trop chers. Il achète une paire de
bons pi.... d'arçon pour quatre louis.
— Le ..tre .étails qu'il donne sur Tulle et ....t pas plus d'intérêt que
la plupart des renseignements contenus
dans ses lettres sur la Haute-Vienne. Il
témoigne quelques regrets de n'avoir pu,

le temps le pressant, visiter les arènes de Tintignac (1), et, pour tenir lieu de ses propres observations, copie les pages que consacre à ces restes Duroux, « ce Tacite limousin, si aride et si plat que personne « n'a jamais pu lire jusqu'au bout son « ouvrage. »

Cette lettre du 23 décembre est la dernière du livre. Les lignes qui la terminent font du reste prévoir que le terme de la captivité de l'auteur est proche. « Vraiment, s'écrie-t-il, je ne pense pas » rester longtemps encore ici à obser- » ver et à écrire : Blücher et Gneisenau » sont sur le Rhin ; Wellington sur l'A- » dour ; Bülow sur l'Escaut, et voilà le » *beau-frère* Murat sur l'Arno... Sapé de » toutes parts, le colosse vacille, il chan- » celle ; la tourmente se dissipe. La patrie » est sauvée ! Nous sommes libres ! » — Une semaine plus tard, en effet, les alliés passaient le Rhin.

Depuis longtemps, nous avions signalé, à l'attention du public, le curieux livre que nous venons d'analyser ; nous espérions qu'un autre, plus familiarisé avec la langue allemande, aurait consacré quelques heures à le parcourir. Personne n'ayant entrepris cette tâche, nous nous sommes décidé à nous en charger nous même, dans la pensée que nos concitoyens pourront trouver quelque intérêt aux appréciations, malveillantes ou flatteuses, du prisonnier de 1813, et aux

____

(1) Il est fort douteux que les ruines de Tintignac soient les restes d'un amphithéâtre.

peintures rétrospectives dont nous venons
de donner un court aperçu.

Il faut ajouter que cet ouvrage n'est pas
le seul de ce genre qu'aient fait paraître,
à leur retour dans leur patrie, nos hôtes
de 1813. Plusieurs autres provinces de la
France ont été visitées et décrites à la
même époque par des prisonniers allemands. Châlons et la Champagne, notam-
ment, ont leur volume comme Limoges
et le Limousin. Serait-il sans intérêt de
rechercher si, après la dernière campagne,
nos officiers ont suivi l'exemple donné
jadis par les vaincus de 1806 et de 1813
aux vaincus de 1870 ?